AF354383

Gabriel Groke

ÁTOMO

1a edição

São Paulo
Gabriel Janeiro Groke
2018

ISBN: 978-65-900005-0-7

Apresentação

Quando me foi concedida a grata honra – e responsabilidade – de tecer a introdução deste livro, vi-me pego em meio a um misto de gratidão, consideração, amor e, acima de tudo e novamente: responsabilidade.

Discorrer aqui, no entanto, é um exercício de separação, de tentar ao máximo afastar o irmão e trazer o poeta, embora ambas as situações, pelas inúmeras vezes que reli o presente livro coadunam-se em todas as esferas.

É impossível – e eu tentei, acreditem – despregar o poeta Gabriel Groke do também músico Gabriel Groke, ou Bry, como sempre será para mim. E trazer isto é, diretamente, voltar há 16 anos, nos tempos de colegial e se deparar com aquele cara introvertido, totalmente ativo em sua introspecção, com uma guitarra na mão capaz de criar as mais ricas melodias que já ouvi. Juntos, separamos boa parte de nossa adolescência enfurnados em quartos compondo, criando e sempre, sempre escrevendo.

Disto também, ressalto com propriedade, creio ser impossível ter em minha frente um livro tão recheado de imagens, metáforas e analogias que também não fossem lhe passadas por um oceano que Gabriel tem em seu DNA, que é de ser filho de Cássia Janeiro. Dessa não posso e não tenho como falar absolutamente nada, pois minhas palavras jamais alcançarão o nível de sua sutileza, de sua luta e, obviamente, de sua poesia.

Ao invés de me delongar muito, termino minha apresentação
parabenizando o amigo, contemplando o irmão e agradecendo
ao poeta. Parabenizar é dever, diante de tamanho objetivo
alcançado. Contemplar é enaltecer, diante do amor de um irmão,
e agradecer é necessário, pois somente tem-se mais aquele que é
grato pelo que tem. Termino dizendo que Groke também é Janeiro
em sobrenome, o que é uma metáfora inafastável desta obra, pois
li e reli, diversas e diversas vezes, cada qual sobre um prisma
e sobre cada findo iniciava-se o novo, como um ano, de Janeiro a
Janeiro.

Luz.

Thomas Pescarini Tasca

Gabriel Groke é um jovem cheio de mistérios.

Sua poesia, que se encontra neste livro e pode ser lida de uma tacada só, ao mesmo tempo que simples, demanda o esforço do leitor em compreender o que não se nota na superfície: a quem se dedicar a desvendar o Gabriel, o complexo de sua construção poética virá em imagens, analogias, provocações criativas e símbolos etéreos com os quais ele nos brinda.

Engana-se quem crê que esse rapaz seja adepto de uma escrita leve, o que talvez esteja sugerido na duração de seus poemas. Alguns, aparentemente simples, contam muito mais do músico/poeta/artista de palco e empreendedor artístico que respira arte e paga caro por isso, sentindo na pele as privações e inconstâncias que infelizmente cercam a vida de quem escolhe um caminho como esse em um Brasil cada vez mais ignorante, daqueles que queima museus. Mas Gabriel resiste. E provoca:

Idiotas devem ser felizes
Porque, infelizes
Fazem idiotices.

Assim segue o jovem Gabriel Groke. Brindando ao amor, em poemas como "Bailarina". Sendo existencialista ao extremo, caso de "Concha", ou sendo o neto que presta um tributo carinhoso e ao mesmo tempo crítico a uma familiar querida, o que vemos em "Vó".

O fato de ser filho de uma das maiores poetas contemporâneas brasileiras, a internacionalmente premiada Cássia Janeiro, não o intimida. Gabriel criou seu próprio estilo, e é fiel a ele. Mesmo sendo músico, sua opção poética não flerta com a rima rica e a métrica musical. Sua poesia não é das que se lê cantando, tampouco é das complexas modernistas ou da linha concreta, daquelas que se vê em museus.
A poesia do Gabriel é do Gabriel. E ele escreve descomprometido com estilos, tendências, a influência da mãe ou qualquer outro fator que esteja em seu entorno.
São as reflexões ditas quase que em voz alta que ganham as páginas do livro que agora você tem em mãos. São as imagens que ele vê e tenta te contar.
Aqui temos, acima de tudo, o registro de um artista que precisa gritar porque os sentimentos estão saindo pelos poros.

Rafael Cortez,
Um fã da família.

Dedico este livro, primeiramente, à minha mãe, escritora, Cássia janeiro. Uma mulher, de fato, especial, pela sua força interna, coragem, caráter, inteligência, pela educação que nos proporcionou e por sempre acreditar que o ser humano pode se superar, se transformar, se aprimorar.

Aos meus irmãos, César e Fernanda, a quem amo incondicionalmente e desejo apenas o melhor nessa vida (e nas que estão por vir).

Ao meu pai, grande professor de Biologia, Mauro Groke, pelo universo musical que ele descortinou a mim, que influenciou toda a minha vida e me tornou um músico.

À minha avó, Alayde Janeiro, pelo amor incondicional.

À Josie Vieira, por todo o amor, apoio e admiração. mútua.

Aos meus amigos Thomas Pescarini Tasca, Thiago Ormeneze Rojas, Caio Albuquerque, Murilo Ferragut, Guilherme Machado, Marcello Alves Macedo, Victor Barros, Raul Leite, Guilherme Godoy, parceiros de música, de vida, de ideias, de vivências e experiências.

Novamente agradeço ao Thomas Pescarini Tasca, meu irmão de caminhada, pela apresentação presente neste livro. Você é um ser humano iluminado, não apenas pelos seus talentos, mas também pela sua resiliência, carisma, força e humildade.

Ao novo amigo Rafael Cortez, agradeço pela leitura atenta, pela análise paciente e pela gentileza do prefácio.

CONCHA

Dentro da livraria
Livreiro fui, sou eu
Ali encontrei o aconchego do universo vitalício
Resiliência emerge bruta e sempre suave
Pântano úmido
Concha quente
Lentidão necessária
Gramofone confortante, mas rebelde
Círculo viciado naturalmente, sem querer
Sutil e sempre o mais poderoso
Vício é vício
Entre universo e os sabores
Sabor submerso, o primordial
O topo do inferno na palma do céu.

DIMENSÕES

Átomos
Síntese tardia
Nada tem tamanho
As coisas do mundo nem são sólidas
A fumaça domina
Informações na nuvem-éter
E o corpo é inteligente
O instinto é a moeda mais valiosa
Amém ou não.

4 ELEMENTOS

Fogo demais, queima e consome rápido
Muita Terra, endurece
Muito Ar, aliena
Muita Água, entristece.

CÉU

Risco cinza
No céu fundo azul
A engrenagem segue
Os ponteiros com pressa
Na esquina recordamos tudo
Presente, até o futuro
Passado
A luz chega
O ódio pode quase tudo
O amor é absoluto
Mas sem o negativo, ódio
Talvez fosse obtuso
Acho que não
Estou certo, estou errado.

CALOR

Calor
Inferno
Inverso
Do inverno.

BAILARINA

Sinto seu cheiro
Faltando no corpo
Sinto em meus poros
Deixe-se levar pelo meu sal, meu mar, meu Sol
Mel, calor, torpor
Mesmo sem você, acho que estou indo bem
Um carvalho em meio à rotina das estações
Âncora, esperando pouso leve
Suas asas me aprovam
Na sua rocha sólida, escudo, correm tuas águas
Diga-me sim
Bailarina
Confie em mim
Sua felicidade é o meu jardim.

ACONTECE

Nasci uma centelha divina
Não tenho culpa se, às vezes, a vida estragou
Como ela estragou, também estraguei, já emendei
Nisso, a culpa foi minha.

LETRAS

Quando se escreve
Melhor se fala
O que se pensa.

EVA

Mulheres
Mágicas
Rituais de inocência e volúpia
No mesmo templo
Às Evas primeiro.

ÉTER

Não acredito tanto assim na realidade do
mundo material/físico
Vamos descarnar
Feixe sublime
Fases de aprendiz
Isso resume as nossas existências
O tempo ensina, mas o etéreo já aprendeu
o que é físico e o que é o além
Do começo ao fim
Tudo tem seu sagrado motivo
Cada fio de cabelo que reage ao vento
interpreta com integridade o seu divino papel
Ausente de ego.

MEDIOCRIDADE

Idiotas devem ser felizes
Porque, infelizes
Fazem idiotices.

URANO

Caos, destruição final, início do novo
De novo
Catalisador
Urano
Kundalini ao avesso
Vivo como a espinha dorsal.

SELEÇÃO SUBCONSCIENTE

Nós queremos alguém desejável
Que exerça atração
É a vitória subconsciente dos genes lutando pela vida
A seleção natural é confirmada.

MONSTRO

A fera triunfante no interior de cada um
Monstro de energia
A metade do enigma
Extremo calor, extremo frio
Ambos brancos.

AFRODITE

Sensualíssima
Tecido e corpo
Quero sentir o sabor
Que o seu tecido esconde.

PROMETEU

Destruição, auto
Preto muito preto
Claríssimo
Vingança talvez de mentira
O equívoco perfeito
Surgir como nunca foi antes
Potência (não) algemada!
Prometeu aprendeu a se livrar das correntes
Céu negro e raios azuis.

ORIGEM

Crescer dói
Romper a velha casca
Que há muito é companheira
O corpo exposto
Do qual assim nasce armadura nova
De novas aventuras-vida
Manipular tempo e espaço
Chave
Arquiteto
Eu.

GEOMETRIA SAGRADA

Quando nos amamos, sinto a nudez dos seus ossos
O calor macio, inebriante da sua carne
É bonito saber
Que o universo lhe esculpiu com apenas luz.

TÁBUA DE ESMERALDA

As vidas, as nuances, silhuetas, formas
Do micro e macrocosmo
Em gêmea relação
Nada mais óbvio
Somos células sagradas.

NÃO FIQUE

Agora que você está solta
Sinto seu odor
Sinto meu amor
Mas vai
Vibrar a primavera que é toda sua.

VANGUARDA

Arte é incômodo
Não pode ser trivial
Deve movimentar os átomos
Brindar sensações, com o mais fino, sutil, intenso
e tangível desconcerto
Precisa nos lembrar que está à frente
Se renova como a crueza inteligente da natureza
Paciente em viver Kronos e suavemente,
cientemente apressada, ao reencontrar Kairós.

VIA LÁCTEA

Família
Grito materno cármico
A aconchegância da nossa galáxia.

TERRA

O elemento Terra
Que bate na cara, acorda, asfixia o sonho
É o mesmo que o realiza.

AMOR

Se no começo
Não houver tremor
Melhor findar antes
Sem dor.

RESTOS

A sobra é o que falta.

REPÚBLICA

República
Ex-pública
Torna mini e estéril
O público.

CARMAS

As faces do homem moderno
Estão desintegrando
Há um além indizível
A terra nos segura
É importante tê-la, pra depois,
merecidamente, não mais
Mais uma lição.

AMARELO

A maré
Amarelo
Do Sol.

SUSPIROS

As curvas de seus quadris
Doces suspiros
Devaneios do éter.

VÓ

Você é a raiz e os galhos do que percebo
como força de vontade
Raízes e galhos da força interna
Alma gêmea eterna
Dama poderosa
Fêmea prateada
Banhada a ouro
Língua ferina, assassina
Você é bela e boa
Pragueja à toa
Mais forte que a própria leoa.